ALBORADA
DAWN
Poemario bilingüe

ALBORADA DAWN

Poemario bilingüe

Jorge A. Ontiveros

SECOND EDITION

Alborada - Dawn, Poemario bilingüe

Copyright © 2024 Jorge A. Ontiveros

Hispanic Institute of Social Issues
123 N. Centennial Way, Ste. 105
Mesa, AZ 85201-6746
(480) 939-9689 | HISI.org

Library of Congress Control Number: 2024931247

Paperback ISBN: 978-1-936885-60-2

All rights reserved, including the right of reproduction in whole or in part in any form.

Printed in the United States of America.

A mi madre Carmelita

A mi esposa Diana

A mis hijos Tony, Georgi y mi hija Mari

Índice

Lo presentía 1

Mi mar, mi cielo, mi Dios 2

Noche 3

Madrugada íntima azul 5

Noche bella 6

Me hubiera gustado 7

Noche de ensueño 8

La casa en la playa 9

La morena del puerto 10

De nuevo 11

Oxnard de noche 13

Quiero 14

Luz 15

Los campos de Ventura 16

La noche misma 17

La mar 18

La cosecha 20

Canción de cuna para Víctor Jr. 21

Acerca del autor 48

Contents

I Sensed It 25
My Sea, My Sky, My God 26
Night. 27
Intimate Blue Dawn 28
Beautiful Night 30
I Would Have Liked 31
Reverie Night 32
The House on the Beach 33
The Brunette of the Harbor 34
Again 35
Oxnard at Night 36
I Desire 38
Light 39
The Fields of Ventura 40
The Very Night 41
The Sea 42
The Harvest. 44
Lullaby for Victor Jr. 45
About the Author 47

ALBORADA

Lo presentía

LA PRESENTÍ POR MUCHOS SIGLOS… ALGUIEN ME DIJO QUE venía y la esperé en un viejo calabozo donde no había salida. Era de madrugada, cuando el sueño te quiere vencer y luchas contra toda quietud. Yo, con mi vieja cimitarra triunfadora de mil batallas, y a lo lejos mi viejo con una canasta llena de piedras y su onda de ramales. Cuando se presentó la muerte la ataqué con mi arma y ella se defendió con su guadaña, sacando chispas de la pared. Cuando los aceros se juntaban era una verdadera explosión. Mi padre la bañó de pedradas para defenderme y la muerte lo dejó tendido en el piso, con la guadaña le rajó el vientre. Tuve a la muerte en el piso, jadeando y jalando aire… ella me dijo, "Esta vez no venía por ti, pero me llevo a tu padre y a tu hija de trece años".

Mi mar, mi cielo, mi Dios

LA MAR ESTÁ TRANQUILA,

las olas se mueven lentamente,

la luna es blanca como una perla,

yo despliego mis redes en las aguas,

mis redes regresan vacías.

Me adentro a la mar,

Anacapa me espera,

a lo lejos oigo una canción

de un pescador triste.

Yo canto siempre,

le canto a la luna,

a mi cielo, a mi mar,

solo ellos me comprenden…

La luz del sol aparece entre las nubes,

me tengo que evadir, desaparecer,

mañana mi luna me espera,

mañana regreso a mi mar,

a mi cielo, a mi Dios.

Noche

NOCHE ESPLENDOROSA...

A lo lejos el agua brillaba,

noche mexicana, noche de ensueño.

Los guitarrones cesaron sus cantos,

los corales del mar aún están tibios,

ningún ruido nos perturba,

el aire acaricia nuestros rostros,

beso tus manos que me indican la mañana.

El cielo está nublado,

huimos del día, la noche es nuestra,

corremos de la realidad,

somos sólo un recuerdo,

noche bella,

noche bendita,

noche mexicana.

Madrugada íntima azul

Es de madrugada,

son las tres y media.

Guanajuato nos dio las manos,

en nuestra terraza contemplamos

los juegos de luces

de una fiesta que termina.

Mi cabello blanco, tu piel lozana,

nuestra mesa la atienden tres mozos,

nuestras manos se enlazan,

nuestros labios se juntan…

Los destellos de la noche,

las luces de la ciudad,

la calma en nuestros corazones.

Estamos solos en nuestro balcón,

el momento, la noche, todo es nuestro…

Todo nos pertenece,

inclusive tú me perteneces,

el tiempo no existe, solo tú y yo.

Noche bella

NOCHE HERMOSA Y AZUL,
la luna se refleja en la mar.
Caminamos unidos de las manos
y un velero se pierde en el horizonte,
el agua moja nuestros pies,
detrás de una nube la luna se pierde,
sólo estás tú frente a mí.
Las nubes se disipan, es noche de plenilunio,
es nuestra noche de amor...
La mañana llega y no estás conmigo,
sólo eres un sueño de una noche bella,
de una noche eterna y un triste adiós.

Me hubiera gustado

ME HUBIERA GUSTADO

que te hubieses enamorado de mí,

compartir contigo todos tus momentos,

todas tus alegrías, volar la cometa en la playa…

Josefa, suelta más hilo,

suelta más y morimos en un mar de risa.

Cómo me hubiera gustado que me hubieras querido,

pero la tarde ha caído y has volado de mis manos para siempre.

Esas noches gloriosas de besos y vino no ocurrirán,

esos veranos viajando a crepúsculos dorados no existirán.

Cómo me hubiera gustado estar en cada momento contigo,

soñar contigo, morir contigo.

Pero eso no pasará,

cómo me hubiera gustado que te hubieras enamorado de mí.

Noche de ensueño

Es de noche, el aire es perfumado,
así son los campos de Ventura.

Un faro se ve a lo lejos,

noche sin luna,

noche carente de belleza.

Solo las luciérnagas y yo.

Los arrecifes están solos,

la mar está quieta,

mis redes regresan sin peces.

Mi barca y yo nos perdemos en la mar,

la noche de ensueño nos negó todo.

Espero la noche para regresar a ti,

espero la luna para confundirme en la playa.

Noche de ensueño, noche de luna plateada,

espérame... mi bote y yo navegamos hacia ti.

La casa en la playa

LLEGO DE NUEVO A TI...

Es de noche,

a lo lejos veo tu piel hermosa,

es de perla nácar.

Mi casa llena de luces...

El viento de la playa

mueve tu cabello,

encuentro tus labios,

bailamos esa música extraña,

la bailamos hasta el amanecer.

El perfume de las flores se va con la mañana,

la sala está vacía,

sólo quedó tu velo blanco,

tu blanco velo de novia.

Aún te extraño,

aún extraño mis sueños de juventud.

La morena del puerto

La morena espera al marino,

todos sus años ya han pasado

con su collar de verdes rocas

y sus manos de esperanza.

La mar espera la tarde,

un buque a lo lejos pasa,

la morena ya no existe

y el puerto desaparece.

Así es Oxnard con su vida,

así es Oxnard con sus noches,

ya no hay puertos no hay marinos, ni esperas.

La bruma desaparece,

las gaviotas se esfumaron,

yo ahora espero a la morena

que nunca regresará…

De nuevo

DE NUEVO ESCUCHO TU VOZ,

me vuelvo a enamorar de ti.

El viento trae tu voz,

me llega como un lamento,

como una imploración,

mi vida de nuevo empieza,

de nuevo las flores renacen...

Regresa de nuevo mi juventud olvidada,

de noche, camino entre los campos con olor a fresa.

A lo lejos el mar golpea las rocas,

camino de noche, sólo escucho tu voz a lo lejos,

sin verte,

sólo tu voz como un lamento,

como una imploración.

Oxnard de noche

LA CIUDAD TIENE VIDA,

la noche es tranquila,

la mar está apacible…

A lo lejos un barco se adentra

a la magia de la oscuridad…

La noche,

el viento,

tus cabellos,

mi pasión…

Eres mujer que enamora,

eres mi sueño,

mi tesoro.

Las montañas, a lo lejos, dan pie

a la luna milenaria,

eres belleza,

tu boca, tus ojos, mi ilusión,

mis sueños de niño,

mi noche obscura tiene mil destellos.

Oxnard:

Más que una ciudad,

es una divina moza.

Quiero

QUIERO LLENARME DE TUS BESOS,

quiero llenarme de tu persona,

pasar las horas contigo

en esa huerta obscura, misteriosa…

Sentir tu talle,

llenar tus hombros de besos,

quiero que me quieras como antes,

como ayer,

como siempre,

como cuando te conocí,

como cuando me enamoré de ti…

Quiero escuchar tus lindas palabras de nuevo,

¡ámame, morena, ámame!

…la tarde ha caído,

para mí ya no es de día.

Veo el zaguán de mi casa abierto;

sé que no regresarás jamás.

Luz

Por la ventana entra la luz...

una luz cálida, brillante.

Por años me he escondido

de la luz que acaricia la noche.

Me atrae,

no pertenezco al día, mi vida es la noche.

Las hojas de los árboles

son más bellas en la oscuridad,

todo es un solo aroma.

La luna es mi vida,

mi resplandor,

me escondo entre los muros

de mi vieja casa,

entre mis glorias pasadas.

No quiero la luz del día,

sólo mi luz de la luna.

Los campos de Ventura

¿QUÉ QUIEREN ESOS CAMPOS

que los oigo suspirar y a veces llorar?

Huelo sus aires perfumados…

Por las noches la brisa viene del mar,

siento su tristeza y melancolía,

todo cambia con la noche,

hay elegancia y misterio.

Oigo una campana en medio del campo,

de una iglesia sola y olvidada,

todo es oscuro,

es de noche,

en Ventura, los campos son tristes…

Es de madrugada

y la luna está lejos.

Los campos huelen a fresa y limón,

la brisa del mar se ha retirado,

sólo la noche hace su presencia…

Yo me hago noche y tierra,

los surcos están húmedos.

la mañana me sorprende

y me desaparezco con el alba.

La noche misma

BESO TUS MANOS,

beso tus hombros,

eres la noche misma…

Me introduzco en tu habitación,

noche de estrellas, noche de placer.

En tu cuerpo mi amor, mis ojos,

un carro de corceles blancos.

La noche se detiene,

somos sólo tú y yo,

muero en tus labios

y me ausento en la madrugada…

Me llevo la cinta de tu cabello,

el olor a ti y a tu recuerdo.

La mar

LA MAR ES HERMOSA,

es grande y suntuosa,

no tiene fin…

Es azul,

A veces gris,

y por las tardes dorada.

Así es Santa Mónica.

A Marisol le gusta la mar,

le gustan las mañanas frías

y los tristes atardeceres.

Esas playas de California

están llenas de belleza y misterios,

las lluvias de abril han llegado,

los cielos explotan en lluvias y carcajadas.

Marisol ríe cuando el agua

le corre por las mejillas

con sus quince años de alegría.

Las olas, no muy felices,

castigan a las playas.

solo mi niña y yo contemplamos

tras los cristales la lluvia

y en un minuto todo es calma.

Sólo el viento mueve las hojas

y con sus brazos a la mar…

Y los destellos diamantes

se reflejan en las aguas.

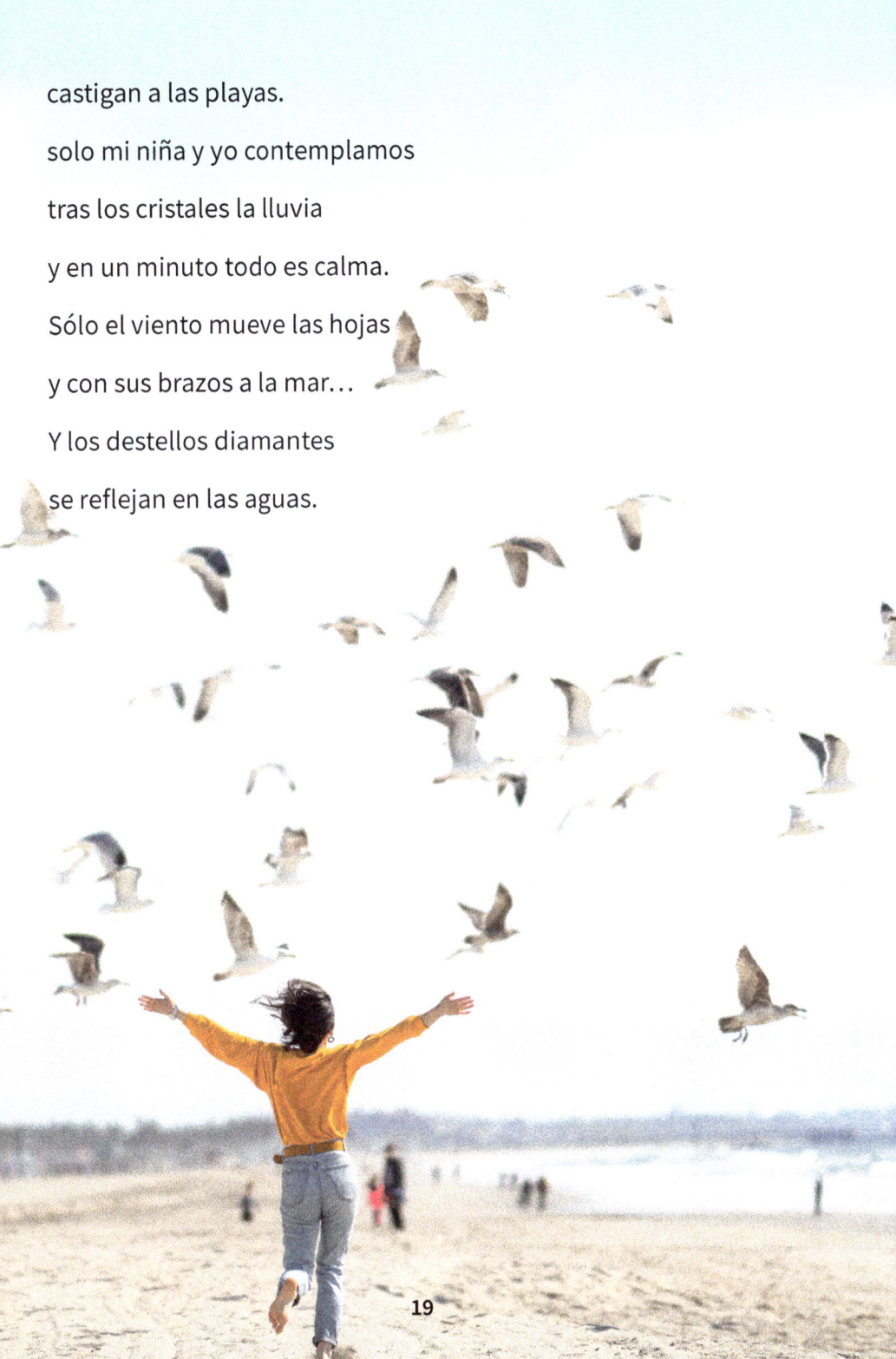

La cosecha

Hombres morenos llegan del sur a cosechar la fresa,

¡Oxnard está feliz!

es la hora esperada…

Abril los recibe con sus alegres lluvias,

los surcos esperan a la gente.

Así es Oxnard, lleno de sol,

de playa,

de montañas,

de cosechas.

Los hombres de la tierra regresan,

quizá el año que entra los veremos de nuevo,

pero ahora Oxnard se queda solo…

Unas aves pasan

graznando, esperando un nuevo año.

Oxnard lleva alegría por un momento,

luego se queda triste,

mirando el sol del atardecer para siempre.

Canción de cuna para Víctor Jr.

Duerme mi niño, duerme,
tu papá te traerá el caballo de madera.
La luna te trae el sueño
con su cobija de nubes.
Mamá te besa tu pelo
y te acaricia tus rizos,
te da un osito café
para que duermas tranquilo.
Los soldados de juguete
vigilan tu lindo sueno.
Las hadas besan tu frente
para que pronto te duermas.
Los niños que duermen pronto
sueñan volando en los cielos.
Los conejos blancos y rosas
cuidan a los lindos niños.
Duerme mi niño precioso
que la luna ya se esconde.
Un pajarito azul
lleva mensajes al Niño Dios…
Duerme mi niño duerme,
el caballo de madera ya está lejos de la estancia,
el caballo de madera, el caballo.

DAWN

I Sensed It

I sensed it for many centuries. Someone told me she was coming, and I waited for her in an old dungeon with no way out. It happened early in the morning, when sleepiness tries to overcome you and when you fight against all stillness. I stood there waiting with my old scimitar — my victorious sword in thousands of battles — and in the distance was my old father holding a basket full of stones and his slingshot made of branches. When death appeared, I attacked her with my weapon, and she defended herself with her scythe; sparks flew off the wall. When the blades clashed, it caused a hard explosion. My father pelted her with stones to protect me, but death left him lying on the ground, her scythe cleaving his abdomen. I had death on the ground, gasping for breath, when she said, "This time, I did not come to take you, but I'm taking your father and your thirteen-year-old daughter with me."

My Sea, My Sky, My God

THE SEA IS CALM,

the waves move slowly,

the moon is white as a pearl,

I cast my nets into the waters,

my nets return empty.

I venture into the sea,

Anacapa awaits me,

In the distance, I hear a song

of a sad fisherman.

I always sing,

I sing to the moon,

to my sky, to my sea,

only they understand me.

The sunlight breaks through the clouds,

I must escape, disappear,

Tomorrow, my moon awaits me,

Tomorrow, I return to my sea,

To my sky, to my God.

Night

GLORIOUS NIGHT.

In the distance, the water shimmered,

Mexican night, a night of dreams.

Large bass guitars ceased their songs,

the sea corals are still warm,

no disturbance befalls us,

the air caresses our faces,

I kiss your hands that point me to the morning.

The sky is cloudy,

we flee from the day, the night is ours,

we run from reality,

we are only a memory,

beautiful night,

blessed night,

Mexican night.

Intimate Blue Dawn

In the wee hours,

half-past three.

Guanajuato reached out its hands to us,

from our terrace, we gaze

at the whimsical lights

of a fading fiesta.

My grey hair, your glowing skin,

three servers attend to our table,

our hands entwine,

our lips meet.

The night's sparkles,

the city lights,

calm in our hearts.

We are alone on our balcony;

the moment, the night, all is ours.

Everything belongs to us,

even you belong to me;

time is non-existent, just you and me.

Beautiful Night

BEAUTIFUL AND BLUE NIGHT,

the moon reflects in the sea.

Hand in hand, we stroll,

a sailboat disappears on the horizon,

the seawater wets our feet,

behind a cloud, the moon disappears,

only you are before me.

The clouds dissipate, it's a full moon night,

it's our night of love.

Morning arrives, and you're not with me,

you're just a dream of a beautiful night,

of an eternal night and a sad farewell.

I Would Have Liked

I WOULD HAVE LIKED

for you to have fallen in love with me,

to share with you all your moments,

all your joys, flying kites on the beach.

Josefa, let out more kite line,

let out more, and let us drown in a sea of laughter.

How I would have liked for you to have loved me,

but the evening has fallen, and you have
flown away from my hands forever.

Those glorious nights of kissing and wine will not happen,

those summers traveling to golden sunsets will not exist.

Reverie Night

IT'S NIGHTTIME, A PLEASANT FRAGRANCE FILLS THE AIR,

as the fields of Ventura often do.

A lighthouse is visible in the distance,

it's a moonless night,

a night devoid of beauty.

Only the fireflies and I remain.

The reefs are lonely,

the sea is still,

my nets return empty.

My boat and I lose ourselves in the sea,

this reverie night denied us everything.

I await the night to return to you,

I await the moon to lose myself on the beach.

Reverie night, silver moon night,

wait for me, my boat and I are sailing toward you.

The House on the Beach

I COME TO YOU ONCE AGAIN.

It's nighttime,

And in the distance, I see your beautiful skin,

a skin of mother-of-pearl.

My house is filled with lights.

The beach wind

tousles your hair,

I find your lips,

we dance to that strange music,

we dance it until dawn.

The perfume of flowers fades away with the morning,

the living room is empty,

only your white veil remains,

your white bridal veil.

I still miss you,

I still miss my dreams of youth.

The Brunette of the Harbor

THE BRUNETTE AWAITS THE SAILOR,

her youthful years long gone,

yet she wears her necklace of green stones

and her hands brim with hope.

The sea awaits the evening,

a distant ship sails by,

the brunette woman exists no more,

the harbor has vanished.

That's life in Oxnard,

that's Oxnard's nights,

no more harbors, no more sailors, no more waiting.

The sea's haze dissipated,

the seagulls have vanished,

I still await the brunette of the harbor,

but she will never return.

Again

ONCE MORE, I HEAR YOUR VOICE,

falling in love with you anew.

The wind carries your voice,

reaching me like a lament,

like a plea.

My life begins again,

once more, the flowers bloom.

My long-gone youth returns once more,

At night, I stroll through fields filled with
the fragrance of strawberries.

In the distance, the sea crashes against the rocks,

I walk at night, only hearing your voice from afar,

without seeing you,

I only hear your voice like a lament,

Like a plea.

Oxnard at Night

THE CITY IS ALIVE,

the night is tranquil,

the sea is calm.

In the distance, a ship ventures

into the magic of darkness.

The night,

the wind,

your hair,

my passion.

You're a woman who enchants,

you are my dream,

my treasure.

The mountains, in the distance, give way

to the ageless moon.

You are beauty,

your mouth, your eyes, my illusion,

my childhood dreams,

this dark night has a thousand glimmers.

Oxnard:

More than a city,

it's a divine maiden.

I Desire

I LONG TO BE FILLED WITH YOUR KISSES,

to be saturated with your presence,

to spend long hours with you

in that dark, mysterious orchard.

To feel your waist,

to cover your shoulders with kisses,

I want you to love me as you did before,

as yesterday,

as always,

as when I first met you,

as when I fell in love with you.

I want to hear your lovely words again.

Love me, brunette woman,

love me!

The evening has fallen,

for me, it's no longer daytime.

I see the entrance of my house wide open,

But I know you will never return.

Light

Through the window, the light enters,

a warm, radiant light.

For years, I have hidden

from the light that caresses the night.

It attracts me,

I do not belong to the day; my life is the night.

The leaves of the trees

are more beautiful in the darkness,

everything is a single scent.

The moon is my life,

my radiance,

I hide among the walls

of my old house,

among my past glories.

I do not want the light of day,

only my moonlight.

The Fields of Ventura

WHAT DO THOSE FIELDS DESIRE
that I hear them sigh and sometimes weep?
I smell their perfume in the air.
At night, the breeze comes from the sea,
I feel its sadness and melancholy,
everything changes with the night,
there's elegance and mystery.
I hear a bell in the midst of the field,
from a lone and forgotten church,
everything is dark,
it's night,
in Ventura, the fields are somber.
It's the early hours,
and the moon is distant.
The fields smell of strawberry and lemon,
the sea breeze has withdrawn,
only the night makes its presence felt.
I become night and earth,
the furrows are damp.
The morning awakens me,
and I vanish with the dawn.

The Very Night

I KISS YOUR HANDS,

I kiss your shoulders,

you are the very night.

I enter your room,

It's a night of stars, a night of pleasure.

In your body, my love, my eyes,

a chariot of white steeds.

The night halts,

it's only you and I,

I die on your lips,

and I vanish in the early hours.

I take with me the ribbon of your hair,

the scent of you and the memory of you.

The Sea

THE SEA IS BEAUTIFUL,

vast and sumptuous,

it has no end.

It is blue,

sometimes gray,

and in the evenings, golden.

That's Santa Monica.

Marisol adores the sea,

she revels in the chilly mornings

and the melancholic sunsets.

California beaches

are full of beauty and mysteries.

The April rains have arrived,

and the skies burst with rain and laughter.

Marisol laughs as the rainwater

runs down her cheeks,

a joy of a fifteen-year-old girl.

The waves, not too cheerful,

punish the beaches.

Only my girl and I gaze

through the windows at the rain,

and in a minute, all becomes calm.

Only the wind moves the leaves,

and with its arms, it embraces the sea.

And the diamantine glimmers

reflect on the waters.

The Harvest

Dark-skinned men arrive from the south
to harvest the strawberry fields,

Oxnard is joyful!

It's the awaited time.

April welcomes them with its cheerful rains,

the furrows await the farmworkers.

That's Oxnard, full of sun,

of beaches,

of mountains,

of harvests.

The farm workers will return,

perhaps next year, we will see them again,

but now Oxnard stays alone.

Some birds fly by,

cawing, anticipating a new year.

Oxnard carries joy only for a moment,

then melancholy,

gazing at the sunset's sun forever.

Lullaby for Victor Jr.

SLEEP, MY CHILD, SLEEP,
your daddy will bring you the wooden horse.
The moon brings you dreams
with its blanket of clouds.
Mommy kisses your hair
and caresses your curls,
and gives you a brown teddy bear
so you can sleep peacefully.
Toy soldiers stand guard over your sweet dreams.
Fairies kiss your forehead
so you fall asleep soon.
Children who quickly fall asleep
dream of flying in the skies.
White and pink rabbits
watch over the lovely children.
Sleep, my precious child,
as the moon is already hiding.
A little blue bird
carries messages to the Baby Jesus.
Sleep, my child, sleep,
the wooden horse is now far from the room,
the wooden horse, the horse.

About the Author

BORN UNDER THE PARRAL SKY in Chihuahua, Mexico, the author **JORGE A. ONTIVEROS** embarked on a journey at the age of seventeen that led him to the vibrant environment of East Los Angeles, in California. He navigated the hallways of Roosevelt High School, paving the way for an academic expedition that took him to the classrooms of East Los Angeles College and California State University, Northridge. A bachelor's degree in Hispanic Literature and a specialization in Humanities bear witness to his intellectual prowess and dedication. Amidst the pages of his university narrative, fate intervened, and the author encountered the co-protagonist of his life, Diana, with whom he raised three children in Oxnard, California, a coastal city west of Los Angeles. With its vibrant hues and pulsating life, Oxnard became one of the author's muses, inspiring him to create these poems that reveal to his poetic vein. The verses of *Dawn* paint vivid canvases, capturing the essence of the ocean, mountains whispering ancient secrets, skies gleaming with kaleidoscopic tones, and fields of cultivation brimming with succulent strawberries. Enchanted nights illuminated by the rhythmic flicker of fireflies and the seductive dance of ocean waves served as the backdrop for his literary symphony. Venturing into the mysterious alleys of fiction, Jorge A. Ontiveros has also wielded his pen to craft mystery short story books, each of which is a labyrinthine journey into the corners of his fertile imagination. In the tapestry of his literary world, the author stands out not only as a poet but also as a weaver of enigmatic tales that beckon the reader onto suspenseful paths.

Acerca del autor

NACIDO BAJO EL CIELO DE PARRAL, Chihuahua, México, el autor **JORGE A. ONTIVEROS** emprendió una odisea a los diecisiete años que lo llevó al vibrante ambiente de East Los Ángeles, California, EE. UU. Navegó por los pasillos de la Roosevelt High School, allanando el camino para un viaje académico que lo llevó a las aulas de East Los Ángeles College y la Universidad Estatal de California, plantel Northridge. Una licenciatura en Letras Hispanas y una especialización en Humanidades, dan testimonio de su destreza intelectual y su dedicación. En medio de las páginas de su narrativa universitaria, el destino intervino y el autor encontró a la coprotagonista de su vida, su esposa Diana, con quien procreó tres hijos en Oxnard, California, una ciudad costera al oeste de Los Ángeles. Con sus tonos vibrantes y su vida palpitante, Oxnard se convirtió en una de las musas del autor, inspirándolo a crear estos poemas que dan testimonio de su vena poética. Los versos de *Alborada* pintan lienzos vívidos, capturando la esencia del océano, las montañas susurrando secretos antiguos, los cielos resplandecientes con tonos caleidoscópicos y los campos de cultivo repletos de suculentas fresas. Noches encantadas e iluminadas por el rítmico parpadeo de las luciérnagas y la seductora danza de las olas del océano sirvieron de telón de fondo para su sinfonía literaria. Aventurándose en los misteriosos callejones de la ficción, Jorge A. Ontiveros también ha esgrimido su pluma para crear libros de cuentos cortos de misterio, cada uno de los cuales es un viaje laberíntico a los rincones de su fértil imaginación. En el tapiz de su mundo literario, el autor destaca no sólo como un poeta sino también como un tejedor de cuentos enigmáticos que llaman al lector a senderos de suspenso.

OTROS LIBROS POR

Jorge A. Ontiveros

*El atolladero cuentos de misterio
en lugares inesperados*

*La insepulta, cuentos de misterio
en lugares imaginarios*

www.ingramcontent.com/pod-product-compliance
Lightning Source LLC
Chambersburg PA
CBHW061806070526
44586CB00023B/2741